TÖTEN SIE ZUERST DIE HITZE, BEVOR SIE SIE TÖTET

Die Hitzewelle 2023 in Amerika und Europa überleben

PROF. EBONY M. BINGHAM

INHALTSVERZEICHNIS

1

HITZEWELLEN VERSTEHEN

WAS IST EINE HITZEWELLE?

Eine Hitzewelle ist eine längere Periode übermäßig heißen Wetters, die in einer bestimmten Region auftritt. Es zeichnet sich durch deutlich höhere Temperaturen als die durchschnittlichen Klimabedingungen in diesem Gebiet während einer bestimmten Jahreszeit aus. Hitzewellen gehen häufig mit einer hohen Luftfeuchtigkeit einher, was die mit der extremen Hitze verbundenen Beschwerden und Gesundheitsrisiken verstärken kann.

Hitzewellen dauern typischerweise mehrere Tage oder sogar Wochen und ihre Intensität kann je nach geografischer Lage und Jahreszeit variieren. Während Hitzewellen üblicherweise mit den Sommermonaten in Verbindung gebracht werden, können sie jederzeit auftreten, sogar im Frühling oder Herbst.

Während einer Hitzewelle steigt die Temperatur auf ungewöhnlich hohe Werte, was es für den Körper schwierig macht, sich durch seine üblichen Mechanismen wie Schwitzen abzukühlen. Dies kann zu einer Reihe von Gesundheitsproblemen führen, insbesondere für gefährdete Bevölkerungsgruppen wie ältere Menschen, kleine Kinder, schwangere Frauen und Personen mit Vorerkrankungen.

DIE AUSWIRKUNGEN VON HITZEWELLEN AUF DIE GESUNDHEIT

Hitzewellen haben erhebliche Auswirkungen auf die menschliche Gesundheit und können schwerwiegende Folgen haben. Übermäßige Hitze und längere Einwirkung können die Fähigkeit des Körpers, seine Innentemperatur zu regulieren, beeinträchtigen und zu einer Vielzahl hitzebedingter Erkrankungen führen. Zu den mit Hitzewellen verbundenen Gesundheitsrisiken gehören:

Hitzeerschöpfung

Hitzeerschöpfung ist ein Zustand, der auftritt, wenn der Körper dehydriert und nicht in der Lage ist, sich effizient abzukühlen. Zu den Symptomen können starkes Schwitzen, Schwäche, Schwindel, Übelkeit,

Kopfschmerzen und Muskelkrämpfe gehören. Wenn Hitzeerschöpfung nicht frühzeitig behandelt wird, kann sie zu einem Hitzschlag führen.

Hitzschlag

Ein Hitzschlag ist eine lebensbedrohliche Erkrankung, die dringend ärztliche Hilfe erfordert. Sie tritt auf, wenn die Körperinnentemperatur einen gefährlichen Wert erreicht, typischerweise über 104 °F (40 °C). Zu den Symptomen gehören Verwirrtheit, Orientierungslosigkeit, schneller Herzschlag, pochende Kopfschmerzen, trockene und heiße Haut und Bewusstlosigkeit. Wenn ein Hitzschlag nicht sofort behandelt wird, kann es zu Organversagen und zum Tod kommen.

Dehydrierung

Längere Einwirkung hoher Temperaturen ohne ausreichende Flüssigkeitszufuhr kann zu Dehydrierung führen. Dehydrierung kann zu Müdigkeit, Schwindel, Mundtrockenheit, verminderter Urinausscheidung und in schweren Fällen zu Verwirrung und Bewusstlosigkeit führen.

Atemwegs- und Herz-Kreislauf-Probleme

Hitzewellen können bestehende Atemwegs- und Herz-Kreislauf-Erkrankungen wie Asthma, chronisch obstruktive Lungenerkrankung (COPD) und Herzerkrankungen verschlimmern. Die Hitze und die schlechte Luftqualität während Hitzewellen können Atemnot und Herz-Kreislauf-Komplikationen auslösen.

KLIMAWANDEL UND HITZEWELLEN

Der Klimawandel spielt eine wesentliche Rolle bei der zunehmenden Häufigkeit und Schwere von Hitzewellen. Die Ansammlung von Treibhausgasen in der Erdatmosphäre, vor allem durch menschliche Aktivitäten wie die Verbrennung fossiler Brennstoffe, führt zu einem Erwärmungseffekt, der als globale Erwärmung bekannt ist. Dieser Anstieg der globalen Temperaturen trägt zur Entstehung und Intensivierung von Hitzewellen bei.

Wissenschaftliche Studien und Klimamodelle gehen davon aus, dass Hitzewellen mit zunehmender Erwärmung des Erdklimas häufiger, länger anhaltend und intensiver werden. Dies unterstreicht, wie wichtig es ist, den Zusammenhang zwischen Klimawandel und Hitzewellen zu verstehen, um deren Auswirkungen wirksam anzugehen.

Indem wir die Merkmale und Risiken von Hitzewellen sowie den Einfluss des Klimawandels auf ihr Auftreten erkennen, können wir proaktive Maßnahmen ergreifen, um uns und unsere Gemeinschaften zu schützen. Die folgenden Kapitel dieses Buches bieten praktische Strategien und Anleitungen zum Überleben und zur Abmilderung der Auswirkungen von Hitzewellen, um unser Wohlbefinden während dieser extremen Wetterereignisse sicherzustellen.

2

VORBEREITUNG AUF DIE HITZEWELLE

Um Ihre Sicherheit und Ihr Wohlbefinden bei extrem heißem Wetter zu gewährleisten, ist es wichtig, sich auf eine Hitzewelle vorzubereiten. Durch proaktive Maßnahmen können Sie die Risiken minimieren und Ihre Widerstandsfähigkeit gegenüber den hohen Temperaturen maximieren. Die folgenden Abschnitte liefern wertvolle Informationen für eine effektive Vorbereitung:

Überwachung von Wettervorhersagen und Hitzewarnungen

Indem Sie häufig die Wettervorhersagen überprüfen, bleiben Sie über die örtlichen Wetterbedingungen auf dem Laufenden.

Beachten Sie die Hitzehinweise und Warnungen der örtlichen Behörden und Wetterämter. Diese Warnungen liefern wertvolle Informationen über den erwarteten Hitzeindex, die Dauer der Hitzewelle und notwendige Vorsichtsmaßnahmen. Indem Sie auf dem Laufenden bleiben, können Sie im Voraus planen und fundierte Entscheidungen bezüglich Outdoor-Aktivitäten, Flüssigkeitszufuhr und Kühlstrategien treffen.

Erstellen eines Hitzewellen-Notfallplans

Um Ihre Sicherheit und die Ihrer Lieben zu gewährleisten, ist die Entwicklung eines Hitzewellen-Notfallplans von entscheidender Bedeutung. Berücksichtigen Sie bei der Erstellung Ihres Plans die folgenden Faktoren:

Kommunikation aufbauen

Legen Sie einen Kommunikationsplan mit Ihrer Familie und Ihren Freunden fest, um auch während einer Hitzewelle in Kontakt zu bleiben. Teilen Sie Notfallkontaktnummern mit und vereinbaren Sie einen Treffpunkt für den Fall einer Evakuierung.

Identifizierung von Kühlzentren und Notunterkünften

Suchen Sie in der Nähe von Kühlzentren, Gemeindezentren oder öffentlichen Einrichtungen, die bei Hitzewellen klimatisierte Räume bieten.

Identifizieren Sie Notunterkünfte für den Fall, dass Sie Ihr Zuhause aufgrund extremer Hitze oder Stromausfällen evakuieren müssen.

Sich mit lebenswichtigen Vorräten eindecken

Bereiten Sie sich vor, indem Sie sich vor der Hitzewelle mit den wichtigsten Vorräten eindecken. Folgendes berücksichtigen:

Wasser: Sorgen Sie für eine ausreichende Trinkwasserversorgung für Sie und Ihre Haustiere.

Lagern Sie Wasser in sauberen, verschlossenen Behältern und erwägen Sie die Verwendung eines Wasserfiltersystems oder von Wasserreinigungstabletten als Ersatz.

Lebensmittel: Halten Sie haltbare Lebensmittel bereit, die kaum oder gar nicht gekocht werden müssen.

Entscheiden Sie sich für Lebensmittel mit hohem Wassergehalt wie Obst und Gemüse, um die Flüssigkeitszufuhr aufrechtzuerhalten.

Medikamente und Erste Hilfe: Sorgen Sie für eine ausreichende Versorgung mit verschreibungspflichtigen Medikamenten.

Legen Sie ein Erste-Hilfe-Set mit Hilfsmitteln zur Behandlung hitzebedingter Erkrankungen bei.

Notfallausrüstung: Halten Sie batteriebetriebene Ventilatoren, tragbare Klimaanlagen oder Kühlhandtücher als Alternativen zu herkömmlichen Klimaanlagen bereit. Halten Sie ein batteriebetriebenes oder handkurbelbetriebenes Radio bereit, um auf Notrufe zugreifen zu können.

3

BEREITEN SIE IHR ZUHAUSE AUF EXTREME HITZE VOR

Ergreifen Sie Maßnahmen, um Ihr Zuhause auf die Hitzewelle vorzubereiten und eine kühlere und angenehmere Umgebung zu schaffen:

Isolierung und Schatten

Isolieren Sie Ihr Zuhause, um zu verhindern, dass Wärme eindringt und kühle Luft entweicht.

Installieren Sie Jalousien, Vorhänge oder Jalousien, um direkte Sonneneinstrahlung zu blockieren und die Wärmeentwicklung zu reduzieren.

Belüftung

Sorgen Sie für eine ausreichende Belüftung, indem Sie Ventilatoren verwenden, in kühleren Zeiten Fenster öffnen und Querlüftungstechniken anwenden.

Erwägen Sie die Installation von Ventilatoren auf dem Dachboden und im ganzen Haus, um die Luftzirkulation zu verbessern.

Klimaanlage

Warten und warten Sie Ihre Klimaanlage, bevor die Hitzewelle beginnt. Stellen Sie Ihren Thermostat auf eine angenehme Temperatur ein und nutzen Sie energieeffiziente Kühlmethoden.

Kühle Raumvorbereitung

Richten Sie in Ihrem Zuhause einen kühlen Raum ein, in dem Sie während der heißesten

Tageszeiten Zuflucht suchen können. Halten Sie diesen Raum gut belüftet und mit einer tragbaren Klimaanlage oder Ventilatoren ausgestattet.

Indem Sie sich im Voraus vorbereiten und die notwendigen Vorsichtsmaßnahmen treffen, können Sie die Auswirkungen einer Hitzewelle auf Ihr tägliches Leben minimieren. Durch proaktives Handeln bleiben Sie auch bei extremer Hitze kühl, hydriert und sicher.

DRINNEN KÜHL BLEIBEN

Während einer Hitzewelle ist es wichtig, in Innenräumen kühl zu bleiben, um sich vor übermäßiger Hitze zu schützen und das Risiko hitzebedingter Krankheiten zu verringern. Die Implementierung effektiver Kühlstrategien trägt dazu bei, eine komfortable und sichere Umgebung aufrechtzuerhalten. Beachten Sie die folgenden Tipps, um drinnen kühl zu bleiben:

Klimaanlage effektiv nutzen

Eine Klimaanlage ist eine der effektivsten Möglichkeiten, Innenräume während einer Hitzewelle abzukühlen. Maximieren Sie die Wirksamkeit mit diesen Tipps:

Temperatureinstellung: Stellen Sie Ihren Thermostat auf eine angenehme Temperatur ein, normalerweise zwischen 22 °C und 26 °C. Vermeiden Sie es, die Temperatur zu stark zu senken, da dies das System belastet und mehr Energie verbraucht.

Luftstrom und Lüftungsöffnungen: Sorgen Sie für eine ordnungsgemäße Luftzirkulation, indem Sie Türen und Fenster geschlossen halten, während die Klimaanlage läuft.

Reinigen oder ersetzen Sie Luftfilter regelmäßig, um eine optimale Luftqualität und Systemeffizienz aufrechtzuerhalten. Stellen Sie sicher, dass Lüftungsschlitze und Register frei sind, um einen effizienten Luftstrom zu ermöglichen.

Programmierbare Thermostate: Nutzen Sie programmierbare Thermostate, um die Temperatureinstellungen automatisch an Ihren Zeitplan anzupassen. Stellen Sie während Ihrer Abwesenheit höhere Temperaturen ein, um Energie zu sparen und die Stromrechnungen zu senken.

Alternative Kühlmethoden

Wenn Sie keinen Zugang zu einer Klimaanlage haben oder deren Wirksamkeit ergänzen möchten, ziehen Sie alternative Kühlmethoden in Betracht:

Ventilatoren: Verwenden Sie Deckenventilatoren, Bodenventilatoren oder tragbare Ventilatoren, um die Luft zirkulieren zu lassen und eine kühlende Brise zu erzeugen. Platzieren Sie die Ventilatoren strategisch, um den Luftstrom für eine bessere Zirkulation auf Sie oder quer durch den Raum zu richten.

Natürliche Belüftung: Öffnen Sie Fenster und Türen in kühleren Zeiten, z. B. am frühen Morgen oder am späten Abend, um frische Luft in Ihr Zuhause zu lassen. Nutzen Sie die Querlüftung, indem Sie Fenster auf gegenüberliegenden Seiten Ihres Hauses öffnen, um eine kühlende Brise zu erzeugen.

Fensterabdeckungen: Installieren Sie helle Jalousien, Vorhänge oder Jalousien, um direkte Sonneneinstrahlung zu blockieren und die Wärmeentwicklung zu reduzieren.

Ziehen Sie reflektierende Fensterfolien oder Sonnenschutzfolien in Betracht, um die Wärmeübertragung weiter zu minimieren.

Kühlende Handtücher und Nebelgeräte: Verwenden Sie kühlende Handtücher oder Nebelgeräte, um Ihre Körpertemperatur zu senken und vorübergehend Linderung von der Hitze zu verschaffen. Befeuchten Sie ein Handtuch mit kaltem Wasser und legen Sie es für ein erfrischendes Gefühl auf Ihren Hals, Ihre Handgelenke oder Ihre Stirn.

Einen kühlen Raum oder Unterschlupf schaffen

Wenn Sie in Ihrem Zuhause einen kühlen Raum oder Schutzraum einrichten, können

Sie sich von der Hitze erholen. Befolgen Sie diese Tipps:

Raumauswahl: Wählen Sie einen Raum auf der unteren Ebene Ihres Hauses, da die Hitze steigt und es in den unteren Ebenen tendenziell kühler ist.

Wählen Sie vorzugsweise einen Raum mit Fenstern für eine natürliche Belüftung oder die einfache Installation tragbarer Klimaanlagen.

Fensterdekorationen: Verwenden Sie im kühlen Raum Verdunklungsvorhänge oder Thermorollos, um das Eindringen von Hitze zu minimieren. Bringen Sie reflektierende Fensterfolien an, um die Sonnenwärme zu reduzieren und gleichzeitig die Sicht aufrechtzuerhalten.

Kühlgeräte: Installieren Sie für zusätzliche Kühlung eine tragbare Klimaanlage oder einen Verdunstungskühler im Kühlraum. Platzieren Sie Ventilatoren strategisch, um die Luftzirkulation im Raum zu verbessern.

Flüssigkeitszufuhr und Komfort: Halten Sie kühle Getränke, Wasser und Snacks im kühlen Raum griffbereit. Schaffen Sie einen bequemen Sitzbereich mit leichten, atmungsaktiven Möbeln und Kissen.

Verwalten von Luftfeuchtigkeit und Belüftung

Hohe Luftfeuchtigkeit kann das Hitzegefühl verstärken. Befolgen Sie diese Tipps, um die Luftfeuchtigkeit zu kontrollieren und die Belüftung zu verbessern

Luftentfeuchter: Verwenden Sie Luftentfeuchter, um überschüssige

Feuchtigkeit aus der Luft zu entfernen und sie so angenehmer zu machen. Leeren und reinigen Sie den Luftentfeuchter regelmäßig, um seine Effizienz zu erhalten.

Belüftung von Badezimmern und Küchen: Lassen Sie Abluftventilatoren laufen oder öffnen Sie Fenster in Badezimmern und Küchen, um heiße Luft und Feuchtigkeit abzuleiten. Verwenden Sie beim Kochen Dunstabzugshauben, um Hitze und Feuchtigkeit nach draußen abzuleiten.

Vermeiden Sie wärmeerzeugende Aktivitäten: Minimieren Sie während der heißesten Tageszeiten wärmeerzeugende Aktivitäten wie die Nutzung des Ofens oder Herds.

Entscheiden Sie sich für leichtere Mahlzeiten, die weniger Kochen erfordern, oder erwägen Sie stattdessen das Grillen im Freien.

Durch die Umsetzung dieser Strategien können Sie ein kühles und angenehmes Raumklima schaffen, das Risiko hitzebedingter Erkrankungen verringern und Ihr Wohlbefinden während einer Hitzewelle gewährleisten. Denken Sie daran, ausreichend Flüssigkeit zu sich zu nehmen und Ihren Körper auf Anzeichen von Überhitzung oder Dehydrierung zu überwachen.

4

HYDRATISIERT BLEIBEN

Während einer Hitzewelle ist es wichtig, ausreichend Flüssigkeit zu sich zu nehmen, um einer Dehydrierung vorzubeugen und die Fähigkeit des Körpers zur Temperaturregulierung aufrechtzuerhalten. Die folgenden Richtlinien helfen Ihnen, ausreichend Flüssigkeit zu sich zu nehmen und das Risiko hitzebedingter Erkrankungen zu minimieren:

WICHTIGKEIT DER HYDRATION BEI HEIßEM WETTER

Bei heißem Wetter verliert Ihr Körper durch Schwitzen schneller Wasser, um sich abzukühlen. Eine ausreichende Flüssigkeitszufuhr ist wichtig, um die verlorene Flüssigkeit zu ersetzen und eine optimale Körperfunktion aufrechtzuerhalten. Zu den Vorteilen einer ausreichenden Flüssigkeitszufuhr während einer Hitzewelle gehören:

Temperaturregulierung: Die richtige Flüssigkeitszufuhr hilft, die Körpertemperatur zu regulieren und Überhitzung zu verhindern.

Verbesserte körperliche Leistungsfähigkeit: Gut hydrierte Muskeln und Zellen verbessern die körperliche Leistungsfähigkeit und verringern das Risiko von Muskelkrämpfen oder Müdigkeit.

Kognitive Funktion: Flüssigkeitszufuhr unterstützt die kognitive Funktion, Konzentration und geistige Klarheit und hilft Ihnen, konzentriert und wachsam zu bleiben.

Elektrolytgleichgewicht: Die Aufrechterhaltung des

Elektrolytgleichgewichts ist entscheidend für eine optimale Zellfunktion und verhindert Ungleichgewichte, die zu Muskelkrämpfen und Schwäche führen können.

DIE RICHTIGEN FLÜSSIGKEITEN AUSWÄHLEN

Nicht alle Flüssigkeiten sind für die Flüssigkeitszufuhr gleichermaßen wirksam. Entscheiden Sie sich während einer Hitzewelle für die folgenden feuchtigkeitsspendenden Flüssigkeiten:

Wasser: Wasser ist die beste Wahl für die Flüssigkeitszufuhr, da es leicht verfügbar ist und dabei hilft, verlorene Flüssigkeiten wieder aufzufüllen. Trinken Sie vor, während und nach körperlicher Aktivität Wasser, auch wenn Sie keinen Durst verspüren.

Elektrolytreiche Getränke: Sportgetränke oder elektrolythaltige Getränke können bei längerer körperlicher Anstrengung oder bei übermäßigem Schwitzen von Vorteil sein. Diese Getränke helfen dabei, durch Schweiß verlorene Elektrolyte wieder aufzufüllen, insbesondere wenn Sie intensiv Sport treiben.

Obst- und Gemüsesäfte: Natürliche Obst- und Gemüsesäfte wie Wassermelonen- oder Gurkensaft spenden nicht nur Feuchtigkeit, sondern liefern auch zusätzliche Nährstoffe und Antioxidantien.

Vermeiden Sie Säfte mit hohem Zuckerzusatz, da diese zur Dehydrierung beitragen können.

Kokoswasser: Kokoswasser ist ein natürliches, elektrolytreiches Getränk, das dabei helfen kann, durch Schwitzen verlorene

Flüssigkeiten und Elektrolyte wieder aufzufüllen. Es ist eine erfrischende Alternative zu Sportgetränken und spendet Feuchtigkeit mit einem milden, natürlichen Geschmack.

TIPPS ZUM WASSERSCHUTZ

Während einer Hitzewelle ist die Wassereinsparung unerlässlich, um eine ausreichende Versorgung mit Flüssigkeit und anderen lebenswichtigen Bedürfnissen sicherzustellen. Beachten Sie die folgenden Tipps zum Wassersparen:

Hydratieren Sie vor dem Ausgehen: Trinken Sie viel Wasser, bevor Sie das Haus verlassen, um gut hydriert in den Tag zu starten.

Verwenden Sie wiederverwendbare Wasserflaschen: Nehmen Sie eine wiederverwendbare Wasserflasche mit, um unterwegs ausreichend Flüssigkeit zu sich zu nehmen und so den Bedarf an Einweg-Plastikflaschen zu reduzieren.

Begrenzen Sie den Wasserverbrauch: Duschen Sie kürzer und reduzieren Sie den Wasserfluss beim Baden, um Wasser zu sparen. Verwenden Sie einen Eimer, um Dusch- oder Badewasser für andere Zwecke aufzufangen, beispielsweise für die Toilettenspülung oder das Gießen von Pflanzen.

Wassereffiziente Geräte: Entscheiden Sie sich für wassersparende Geräte wie Duschköpfe und Wasserhähne mit geringem Durchfluss, um den Wasserverbrauch zu minimieren.

Anzeichen von Dehydrierung und hitzebedingten Erkrankungen

Es ist wichtig, die Anzeichen von Dehydrierung und hitzebedingten Erkrankungen zu erkennen. Beachten Sie die folgenden Symptome:

Leichte Dehydrierung: Trockener Mund und Rachen, dunkler Urin, Müdigkeit, Durst und verminderte Urinausscheidung.

Mäßige bis schwere Dehydrierung: Schwindel, Benommenheit, Verwirrtheit, schneller Herzschlag, trockene und kühle Haut, Reizbarkeit und eingefallene Augen.

Hitzekrämpfe: Muskelkrämpfe oder -krämpfe, insbesondere in den Beinen oder im

Bauch, oft begleitet von übermäßigem Schwitzen.

Hitzeerschöpfung: Starkes Schwitzen, Schwäche, Müdigkeit, Übelkeit, Kopfschmerzen, Schwindel, feuchte Haut und schneller Puls.

Hitzschlag (medizinischer Notfall): Hohe Körpertemperatur (über 104 °F oder 40 °C), Verwirrtheit, veränderter Geisteszustand, Krampfanfälle, heiße und trockene Haut, schnelles Atmen und Bewusstlosigkeit. Rufen Sie sofort den Rettungsdienst an. Wenn bei Ihnen eine starke Dehydrierung oder Symptome einer hitzebedingten Erkrankung auftreten, suchen Sie umgehend einen Arzt auf.

Indem Sie der Flüssigkeitszufuhr Priorität einräumen, die richtigen Flüssigkeiten auswählen, Wasser sparen und Anzeichen von Dehydrierung und hitzebedingten Krankheiten erkennen, können Sie ausreichend hydriert bleiben und die mit Hitzewellen verbundenen Risiken minimieren. Denken Sie daran, häufig Wasser zu trinken, auch wenn Sie keinen Durst verspüren, und überwachen Sie den Flüssigkeitshaushalt Ihres Körpers in Zeiten extremer Hitze.

5

KLEIDUNG FÜR DIE HITZE

Die Wahl geeigneter Kleidung während einer Hitzewelle ist wichtig, um kühl, bequem und vor den Sonnenstrahlen geschützt zu bleiben. Die richtige Kleidung kann dabei helfen, die Körpertemperatur zu regulieren, die Luftzirkulation zu fördern und die Wärmeaufnahme zu minimieren. Beachten Sie die folgenden Tipps, wenn Sie sich für die Hitze kleiden:

WÄHLEN SIE ATMUNGSAKTIVE UND LEICHTE STOFFE

Entscheiden Sie sich für atmungsaktive und leichte Stoffe, um die Luftzirkulation zu erleichtern und Schweiß verdunsten zu lassen. Hier sind einige ideale Stoffe für heißes Wetter:

Baumwolle

Baumwolle ist eine natürliche Faser, die atmungsaktiv ist und die Luftzirkulation ermöglicht, sodass Sie kühl und bequem bleiben. Wählen Sie locker sitzende Baumwollkleidung, um die Luftzirkulation zu maximieren und die Schweißverdunstung zu fördern.

Leinen

Leinen ist ein leichter und äußerst atmungsaktiver Stoff, der Feuchtigkeit aufnimmt und schnell trocknet. Das Tragen von Leinenkleidung fördert die Belüftung und lässt die Wärme aus Ihrem Körper entweichen.

Feuchtigkeitsableitende Stoffe

Suchen Sie nach synthetischen Stoffen, die speziell für feuchtigkeitsableitende Eigenschaften entwickelt wurden, wie zum Beispiel Polyester- oder Nylonmischungen. Diese Stoffe leiten Feuchtigkeit von der Haut weg, sodass sie schneller verdunsten kann.

Leichte Strickwaren

Entscheiden Sie sich für leichte Strickstoffe mit offener Webart, wie Jersey oder Mesh. Diese Stoffe fördern die Luftzirkulation und verbessern die Atmungsaktivität.

SCHUTZKLEIDUNG UND ZUBEHÖR

Während es wichtig ist, leichte und atmungsaktive Kleidung zu tragen, ist es ebenso wichtig, sich vor den schädlichen Strahlen der Sonne zu schützen. Berücksichtigen Sie die folgende Schutzkleidung und das folgende Zubehör:

Hüte mit breiter Krempe

Um Gesicht, Hals und Ohren vor grellem Sonnenlicht zu schützen, setzen Sie einen Hut mit breiter Krempe auf.

Wählen Sie für eine bessere Belüftung Hüte aus atmungsaktiven Materialien wie Stroh oder Baumwolle.

Sonnenbrille

Setzen Sie eine UV-Schutzbrille auf, um Ihre Augen vor den Sonnenstrahlen zu schützen. Suchen Sie für den besten Augenschutz nach Sonnenbrillen, die sowohl UVA- als auch UVB-Strahlung filtern. Suchen Sie nach einer Sonnenbrille, die sowohl UVA- als auch UVB-Strahlen blockiert, um einen optimalen Augenschutz zu gewährleisten.

Sonnenschutzkleidung

Erwägen Sie das Tragen von Kleidung mit integriertem Sonnenschutz, z. B. UPF-Kleidung (Ultraviolet Protection Factor). Diese Kleidungsstücke wurden speziell entwickelt, um schädliche UV-Strahlen zu blockieren und eine zusätzliche Schutzschicht gegen die Sonne zu bieten.

Leichte, langärmlige Hemden und Hosen

Auch wenn es kontraintuitiv erscheinen mag, kann das Tragen von leichten, langärmeligen Hemden und Hosen Schutz vor der Sonne bieten und gleichzeitig die Luftzirkulation ermöglichen und verhindern, dass direktes Sonnenlicht Ihre Haut erreicht. Wählen Sie locker sitzende Kleidungsstücke, um die

Belüftung zu verbessern und die Schweißverdunstung zu fördern.

MODISCHE UND FUNKTIONELLE HITZEWELLEN-OUTFITS

Mit den folgenden Outfit-Ideen bleiben Sie während einer Hitzewelle stilvoll und bequem:

Sommerkleider und Maxikleider

Entscheiden Sie sich für locker sitzende, leichte Sommerkleider oder Maxikleider aus atmungsaktiven Stoffen wie Baumwolle oder Leinen. Diese fließenden Kleidungsstücke ermöglichen Luftzirkulation und sind eine modische Wahl für heißes Wetter.

Shorts und Tanktops

Wählen Sie leichte Shorts und Tanktops aus atmungsaktiven Materialien für ein lässiges und bequemes Outfit. Suchen Sie nach feuchtigkeitsableitenden Stoffen, die Sie kühl und trocken halten.

Atmungsaktives Schuhwerk

Tragen Sie offene Sandalen oder Schuhe aus atmungsaktiven Materialien wie Canvas oder Mesh. Vermeiden Sie Schuhe, die Wärme speichern, z. B. schwere Stiefel oder Schuhe mit dicken Sohlen.

Layering für Vielseitigkeit

Entscheiden Sie sich für leichte, lockere Schichten, die leicht entfernt oder an die sich im Laufe des Tages ändernden Temperaturen angepasst werden können. Durch die Schichtung können Sie sich an unterschiedliche Wärmeniveaus anpassen und den Komfort aufrechterhalten.

Denken Sie daran, Sonnenschutzmittel auf die exponierte Haut aufzutragen, unabhängig von der Kleidung, die Sie wählen. Sonnenschutzmittel mit einem hohen Lichtschutzfaktor (LSF) schützen Ihre Haut vor schädlichen UV-Strahlen.

Durch die Auswahl atmungsaktiver Stoffe, den Einbau von Schutzkleidung und Accessoires sowie die Auswahl modischer und funktioneller Outfits können Sie sich der Hitze angemessen kleiden und während einer Hitzewelle sowohl Komfort als auch Sonnenschutz gewährleisten.

6
AKTIVITÄTEN UND TRAINING IM FREIEN

Outdoor-Aktivitäten und Bewegung während einer Hitzewelle erfordern besondere Überlegungen, um Ihre Sicherheit und Ihr Wohlbefinden zu gewährleisten. Während es wichtig ist, aktiv zu bleiben, ist es ebenso wichtig, Vorsichtsmaßnahmen zu treffen und Ihre Routine anzupassen, um das Risiko hitzebedingter Erkrankungen zu minimieren. Befolgen Sie diese Richtlinien für Outdoor-Aktivitäten und Bewegung bei heißem Wetter:

SICHERES TRAINIEREN BEI HEIßEM WETTER

Uhrzeit

Planen Sie Ihre Outdoor-Aktivitäten und

Übungen für die kühleren Tageszeiten, z. B.

am frühen Morgen oder am Abend.

Vermeiden Sie Sport während der heißesten

Zeit, normalerweise zwischen 10 und 16 Uhr.

Flüssigkeitszufuhr

Trinken Sie vor, während und nach Ihren

Outdoor-Aktivitäten viel Wasser, um die

Flüssigkeitszufuhr aufrechtzuerhalten.

Nehmen Sie eine Wasserflasche mit und

legen Sie regelmäßig Trinkpausen ein.

Dem Umstand gemäß kleiden

Tragen Sie leichte, atmungsaktive und

feuchtigkeitsableitende Kleidung.

Um kühl zu bleiben und die Sonne zu

reflektieren, wählen Sie helle Kleidung.

Sonnenschutz

Bedecken Sie auch an bewölkten Tagen alle exponierten Hautstellen mit Sonnenschutzmitteln mit hohem Lichtschutzfaktor. Tragen Sie für zusätzlichen Sonnenschutz einen Hut mit breiter Krempe und eine Sonnenbrille.

Hören Sie auf Ihren Körper

Achten Sie auf die Signale Ihres Körpers. Wenn Sie sich schwindelig, benommen oder übermäßig müde fühlen, machen Sie eine Pause und suchen Sie sich Schatten auf.

SICHERHEITSTIPPS FÜR HITZEWELLEN BEIM WANDERN UND CAMPING

Wenn Sie während einer Hitzewelle wandern oder campen möchten, treffen Sie diese zusätzlichen Vorsichtsmaßnahmen:

Überprüfen Sie die Trail-Bedingungen

Informieren Sie sich über die Wegbedingungen und wählen Sie nach Möglichkeit schattige oder kühlere Wege. Beachten Sie etwaige Wegsperrungen oder Einschränkungen aufgrund von Brandgefahr oder extremer Hitze.

Beginnen Sie früh und beenden Sie früh

Beginnen Sie Ihre Wanderung früh am Morgen, um die Haupthitzestunden zu vermeiden. Schließen Sie Ihre Wanderung oder Outdoor-Aktivitäten vor dem heißesten Teil des Tages ab.

Planen Sie Schatten

Planen Sie Ihre Wanderung oder Ihren Campingausflug in Gebieten mit viel Schatten, wie zum Beispiel Wäldern oder Gebieten mit natürlichen Baumkronen. Machen Sie Pausen an schattigen Plätzen, um sich abzukühlen und auszuruhen.

Nehmen Sie ausreichend Wasser mit

Stellen Sie sicher, dass Sie für die Dauer Ihrer Wanderung oder Ihres Campingausflugs ausreichend Wasser haben, da bei heißem Wetter ein erhöhter Flüssigkeitsbedarf besteht. Wenn entlang des Weges Wasserquellen verfügbar sind, bringen Sie als Ersatz ein Wasserfiltersystem oder Wasserreinigungstabletten mit.

POOL-SICHERHEIT UND WASSER-ERHOLUNG

Schwimmen und Wassersport können während einer Hitzewelle Abhilfe schaffen, aber die Sicherheit sollte weiterhin oberste Priorität haben:

Aufsicht

Schwimmen Sie niemals alleine und sorgen Sie dafür, dass Kinder und unerfahrene Schwimmer angemessen beaufsichtigt werden.

Bleiben Sie in der Nähe von Wasser stets wachsam, auch in flachen Bereichen.

Flüssigkeitszufuhr

Sorgen Sie für ausreichend Flüssigkeit, indem Sie vor, während und nach dem Schwimmen oder Wassersportaktivitäten Wasser trinken.

Vermeiden Sie den Konsum von Alkohol oder Koffein, da diese zur Dehydrierung beitragen können.

Sonnenschutz

Tragen Sie wasserfesten Sonnenschutz auf, um Ihre Haut beim Schwimmen oder bei Wassersportaktivitäten vor den schädlichen Sonnenstrahlen zu schützen. Tragen Sie nach dem Schwimmen oder übermäßigem Schwitzen erneut Sonnenschutzmittel auf.

Fähigkeiten zur Wassersicherheit

Erlernen Sie grundlegende Fähigkeiten zur Wassersicherheit, einschließlich Schwimmtechniken und Rettungstechniken, um Ihre Sicherheit und die Sicherheit anderer zu gewährleisten.

SICHERHEITSMASSNAHMEN FÜR HAUSTIERE UND KINDER

Sorgen Sie für die Sicherheit Ihrer Haustiere und Kinder bei Outdoor-Aktivitäten bei heißem Wetter:

Haustiersicherheit

Beschränken Sie Outdoor-Aktivitäten für Haustiere während der heißesten Tageszeiten. Sorgen Sie jederzeit für Schatten und frisches Wasser für Ihre Haustiere. Vermeiden Sie es, mit Hunden auf heißem Asphalt spazieren zu gehen, da dies zu Verbrennungen an den Pfotenballen führen kann.

Kindersicherheit

Lassen Sie Kinder niemals unbeaufsichtigt im Fahrzeug, auch nicht für kurze Zeit, da Autos schnell gefährlich heiß werden können.

Sorgen Sie dafür, dass Kinder ausreichend Flüssigkeit zu sich nehmen, und kleiden Sie sie in leichte, atmungsaktive Kleidung.

Planen Sie Spielzeit im Freien während der kühleren Stunden des Tages ein. Indem Sie diese Sicherheitsrichtlinien befolgen und Ihre Outdoor-Aktivitäten und Trainingsroutinen entsprechend anpassen, können Sie die Vorteile einer aktiven Bewegung genießen und gleichzeitig die mit Hitzewellen verbundenen Risiken minimieren. Stellen Sie die Sicherheit in den Vordergrund, halten Sie ausreichend Flüssigkeit zu sich und hören Sie auf die Signale Ihres Körpers, um bei heißem Wetter ein sicheres und angenehmes Erlebnis im Freien zu gewährleisten.

7

UMGANG MIT STROMAUSFÄLLEN

Während einer Hitzewelle kann es aufgrund des erhöhten Energiebedarfs und der Belastung des Stromnetzes zu Stromausfällen kommen. Der Umgang mit Stromausfällen erfordert Vorbereitung und das Wissen, wie man während längerer Zeiträume ohne Strom sicher und komfortabel bleibt. Beachten Sie die folgenden Tipps zur Bewältigung von Stromausfällen während einer Hitzewelle:

VORBEREITUNG AUF STROMAUSFÄLLE

Notversorgung

Stellen Sie eine Notfallausrüstung zusammen, die wichtige Utensilien wie Taschenlampen,

Batterien, tragbare Ventilatoren und ein batteriebetriebenes oder handkurbelbetriebenes Radio enthält.

Halten Sie einen Vorrat an haltbaren Lebensmitteln, Mineralwasser und notwendigen Medikamenten bereit.

Batterie-Backup und Powerbanks

Investieren Sie in Batterie-Backup-Systeme oder Powerbanks, um wichtige Geräte wie Mobiltelefone oder medizinische Geräte aufzuladen. Stellen Sie sicher, dass sie vollständig aufgeladen sind, bevor es zu einem Stromausfall kommt.

Kühler und Eis

Halten Sie Kühlboxen und Kühlakkus bereit, damit verderbliche Lebensmittel bei einem Stromausfall nicht verderben. Begrenzen Sie das Öffnen des Kühl- und Gefrierschranks, um die kühle Temperatur so weit wie möglich aufrechtzuerhalten.

Generatorsicherheit

Wenn Sie einen Generator verwenden, befolgen Sie die entsprechenden Sicherheitsrichtlinien und stellen Sie sicher, dass er in einem gut belüfteten Bereich fern von Fenstern und Türen betrieben wird.

Benutzen Sie einen Generator nicht in Innenräumen, um einer Kohlenmonoxidvergiftung vorzubeugen.

VERWALTUNG DER LAGERUNG VON LEBENSMITTELN UND MEDIKAMENTEN

Gekühlte und gefrorene Lebensmittel

Halten Sie die Türen des Kühl- und

Gefrierschranks so weit wie möglich geschlossen, um kühle Temperaturen zu gewährleisten. Benutzen Sie zuerst verderbliche Lebensmittel und verlassen Sie sich auf haltbare Lebensmittel aus Ihrem Notfallvorrat. Wenn der Stromausfall länger andauert, ziehen Sie alternative Kühloptionen in Betracht, z. B. Kühlboxen mit Eis, oder suchen Sie Hilfe bei kommunalen Ressourcen.

Medikamente

Medikamente, die gekühlt werden müssen, sollten in einer Kühlbox mit Eisbeuteln aufbewahrt werden.

Wenden Sie sich an Ihren Arzt oder Apotheker, um Ratschläge zur Medikamentenlagerung während eines Stromausfalls zu erhalten.

Temperaturüberwachung

Verwenden Sie ein Lebensmittelthermometer, um sicherzustellen, dass die Kühlschranktemperatur unter 4 °C (40 °F) bleibt. Entsorgen Sie alle verderblichen Lebensmittel, die länger als zwei Stunden über dieser Temperatur gelagert wurden.

Nachfüllungen für verschreibungspflichtige Medikamente

Füllen Sie Rezepte nach, bevor es zu einer Hitzewelle und einem Stromausfall kommt, um eine ausreichende Versorgung sicherzustellen. Fragen Sie Ihren Arzt oder Apotheker nach Bedenken oder alternativen Medikamentenoptionen während eines Stromausfalls.

SICHERHEIT BEI STROMAUSFÄLLEN

Hitzewellen-Sicherheitszonen

Identifizieren Sie lokale Kühlzentren, öffentliche Gebäude oder Gemeinschaftseinrichtungen, die bei einem Stromausfall eine Klimaanlage bieten. Suchen Sie an diesen Orten Schutz, um extremer Hitze zu entgehen und das Risiko hitzebedingter Krankheiten zu verringern.

Ressourcen zur Wärmeentlastung

Bleiben Sie in lokalen Nachrichten, sozialen Medien oder Community-Websites auf dem Laufenden, um Informationen zu Ressourcen zur Hitzeentlastung zu erhalten, einschließlich Notkühlunterkünften oder Community-Initiativen.

Trinke genug

Trinken Sie viel Wasser und feuchtigkeitsspendende Flüssigkeiten, um kühl zu bleiben und den Flüssigkeitshaushalt aufrechtzuerhalten.

Vermeiden Sie den übermäßigen Konsum von Alkohol oder koffeinhaltigen Getränken, da diese zu Dehydrierung führen können.

Bleiben Sie drinnen kühl

Schaffen Sie einen kühlen Raum oder einen bestimmten kühlen Bereich in Ihrem Zuhause, indem Sie Ventilatoren verwenden, Fenster zur Belüftung öffnen und Schatten spenden. Tragen Sie leichte, atmungsaktive Kleidung und verwenden Sie feuchte

Handtücher oder Kühlmethoden, um die Körpertemperatur zu senken.

SUCHE UNTERSTÜTZUNG UND RESSOURCEN DER GEMEINSCHAFT

Community-Hilfsprogramme

Bleiben Sie über lokale Hilfsprogramme informiert, die bei Stromausfällen und Hitzewellen Unterstützung bieten.

Wenden Sie sich an lokale Regierungsbehörden, gemeinnützige Organisationen oder Notfallmanagementbehörden, um Informationen zu verfügbaren Ressourcen zu erhalten.

Nachbarn-Check-Ins

Schauen Sie nach Nachbarn, insbesondere nach gefährdeten Personen wie älteren

Menschen, Menschen mit Erkrankungen oder Familien mit kleinen Kindern. Bieten Sie Hilfe an und teilen Sie Informationen zu verfügbaren Ressourcen und Support.

Community-Support-Netzwerke

Vernetzen Sie sich mit lokalen Gemeindegruppen, Nachbarschaftsverbänden oder Online-Foren, um Informationen und Ressourcen bei Stromausfällen und Hitzewellen auszutauschen.

Diese Netzwerke können in schwierigen Zeiten Unterstützung bieten, Updates austauschen und Hilfe anbieten. Indem Sie sich im Voraus vorbereiten, die Lagerung von Lebensmitteln und Medikamenten verwalten, auf Nummer sicher gehen und die Unterstützung der Gemeinschaft in Anspruch nehmen, können Sie Stromausfälle während einer Hitzewelle effektiv bewältigen. Denken Sie daran, Ihrer Sicherheit Priorität einzuräumen, ausreichend Flüssigkeit zu sich zu nehmen und sich über verfügbare Ressourcen und Hilfe in Ihrer Gemeinde auf dem Laufenden zu halten.

8

NOTFALLREAKTION UND ERSTE HILFE

Während einer Hitzewelle ist es wichtig, auf mögliche Notfälle vorbereitet zu sein und über grundlegende Erste-Hilfe-Kenntnisse zu verfügen, um effektiv auf hitzebedingte Krankheiten und andere Gesundheitsprobleme reagieren zu können. Das Verständnis von Notfallmaßnahmen und das Wissen, wie man Erste Hilfe leistet, kann einen erheblichen Beitrag zur Gewährleistung des Wohlbefindens und der Sicherheit von Ihnen und anderen leisten. Beachten Sie die folgenden Richtlinien für Notfallmaßnahmen und Erste Hilfe während einer Hitzewelle:

Hitzebedingte Erkrankungen erkennen

Es ist wichtig, die Anzeichen und Symptome hitzebedingter Erkrankungen erkennen zu können. Im Folgenden sind häufige hitzebedingte Erkrankungen und die damit verbundenen Symptome aufgeführt:

Hitzekrämpfe

Symptome: Schmerzhafte Muskelkrämpfe oder -krämpfe, typischerweise in den Beinen oder im Bauch. Reaktion: Gehen Sie an einen kühlen, schattigen Ort, ruhen Sie sich aus und regenerieren Sie sich mit Wasser oder einem Sportgetränk mit Elektrolyten. Dehnen oder massieren Sie die betroffenen Muskeln sanft.

Hitzeerschöpfung

Symptome: Starkes Schwitzen, Schwäche,

Müdigkeit, Schwindel, Kopfschmerzen, Übelkeit, feuchte Haut und schneller Puls.

Reaktion: Gehen Sie an einen kühlen, schattigen Ort. Enge Kleidung lockern oder ausziehen. Trinken Sie kühles Wasser oder ein Sportgetränk. Tragen Sie kühle, feuchte Handtücher auf den Körper auf. Suchen Sie einen Arzt auf, wenn sich die Symptome verschlimmern oder innerhalb von 30 Minuten keine Besserung eintritt.

Hitzschlag

Symptome: Hohe Körpertemperatur (über 104 °F oder 40 °C), veränderter Geisteszustand, Verwirrtheit, Krampfanfälle, heiße und trockene Haut, schnelle Atmung und schneller Puls.

Antwort: Ein Hitzschlag ist ein medizinischer Notfall. Rufen Sie sofort den Rettungsdienst

69

an. Bringen Sie das Opfer an einen kühlen, schattigen Ort, während Sie auf Hilfe warten. Entfernen Sie überschüssige Kleidung und nutzen Sie alle verfügbaren Mittel, um sie abzukühlen, z. B. das Auftragen von kaltem Wasser oder Eisbeuteln auf Hals, Achselhöhlen und Leistengegend.

Notfallreaktionsverfahren

Befolgen Sie im Falle eines hitzebedingten Notfalls oder eines anderen medizinischen Notfalls die folgenden Notfallmaßnahmen:

Beurteile die Situation

Sorgen Sie für Ihre Sicherheit und die anderer. Identifizieren Sie potenzielle Gefahren oder Risiken in der Umgebung. Rufen Sie den Notdienst an oder bitten Sie jemanden, den Anruf zu tätigen, wenn professionelle Hilfe erforderlich ist.

Sorgen Sie für sofortige Pflege

Bringen Sie die Person an einen kühlen, schattigen Ort, fern von direkter Sonneneinstrahlung und Wärmequellen. Enge Kleidung lockern oder ausziehen, um die Wärmeableitung zu fördern.

Bieten Sie Wasser oder ein Sportgetränk zur Rehydrierung an, wenn die Person bei Bewusstsein ist und schlucken kann.

Kühlen Sie den Körper

Verwenden Sie alle verfügbaren Mittel, um die Person abzukühlen, z. B. das Auftragen von kaltem Wasser oder Eisbeuteln auf den Hals, die Achselhöhlen und die Leistengegend. Verwenden Sie Ventilatoren oder erzeugen Sie einen Luftstrom, um den Kühlprozess zu unterstützen.

Überwachen Sie die Vitalfunktionen

Die Atmung, der Puls und der Bewusstseinszustand der Person sollten überwacht werden. Notieren Sie alle Veränderungen oder Verschlechterungen ihres Zustands und melden Sie sie den Rettungsdiensten.

GRUNDLEGENDE ERSTE-HILFE-TECHNIKEN

Im Notfall sind grundlegende Erste-Hilfe-Kenntnisse von entscheidender Bedeutung. Hier sind einige grundlegende Erste-Hilfe-Techniken, die Sie beachten sollten:

Herz-Lungen-Wiederbelebung (HLW)

Wenn eine Person bewusstlos ist und nicht atmet oder keinen Puls hat, beginnen Sie sofort mit der Herz-Lungen-Wiederbelebung. Führen Sie Herzdruckmassagen mit einer

Frequenz von 100–120 Herzdruckmassagen pro Minute durch und führen Sie Beatmungen durch, wenn Sie dazu geschult sind.

Stabile Seitenlage

Bringen Sie eine Person in die stabile Seitenlage, um die Atemwege offen zu halten, wenn sie bewusstlos atmet und keine anderen schweren Verletzungen hat.

Wundversorgung

Reinigen Sie kleinere Schnitte oder Abschürfungen mit klarem Wasser und milder Seife. Tragen Sie eine antiseptische Salbe auf und bedecken Sie die Stelle mit einem sterilen Verband oder Verband.

Bei starken Blutungen direkten Druck auf die Wunde ausüben und einen Arzt aufsuchen.

Erste Hilfe bei hitzebedingten Erkrankungen

Befolgen Sie die entsprechenden Erste-Hilfe-Maßnahmen gemäß Abschnitt 8.1 bei Hitzekrämpfen, Hitzeerschöpfung und Hitzschlag.

ERSTE-HILFE-SCHULUNG UND ZERTIFIZIERUNG

Um Ihre Notfallkompetenzen und Ihr Wissen über Erste-Hilfe-Techniken zu verbessern, sollten Sie sich für einen zertifizierten Erste-Hilfe-Schulungskurs anmelden. Diese Kurse bieten umfassenden Unterricht in grundlegender Lebenserhaltung, HLW und anderen wichtigen Erste-Hilfe-Fähigkeiten. Eine formelle Schulung stellt sicher, dass Sie in Notsituationen sicher und effektiv reagieren können.

Denken Sie daran, bei der Erste-Hilfe-Leistung immer Ihre Sicherheit und die anderer zu priorisieren. Rufen Sie im Zweifelsfall oder bei lebensbedrohlicher Situation sofort den Rettungsdienst an.

Durch das Erkennen hitzebedingter Krankheiten, das Befolgen von Notfallmaßnahmen und das Verfügen über grundlegende Erste-Hilfe-Kenntnisse können Sie besser auf Notfälle reagieren und während einer Hitzewelle oder anderen kritischen Situationen Hilfe leisten.

9

LANGFRISTIGE HITZEWELLEN-ANPASSUNG

Da Hitzewellen aufgrund des Klimawandels häufiger und intensiver werden, ist es wichtig, langfristige Strategien anzupassen und umzusetzen, um die Auswirkungen abzumildern und uns und unsere Gemeinschaften zu schützen. Die langfristige Anpassung an Hitzewellen umfasst die Umsetzung von Maßnahmen sowohl auf individueller als auch auf gemeinschaftlicher Ebene, um die Anfälligkeit zu verringern und die Widerstandsfähigkeit zu erhöhen. Erwägen Sie die folgenden Strategien zur langfristigen Anpassung an Hitzewellen:

INDIVIDUELLE WÄRMEWELLENANPASSUNG

Hausisolierung und Energieeffizienz

Verbessern Sie die Isolierung Ihres Hauses, um den Wärmegewinn und -verlust zu reduzieren und so die Aufrechterhaltung einer angenehmen Innentemperatur zu erleichtern.

Installieren Sie energieeffiziente Fenster, dichten Sie Lücken und Risse ab und verwenden Sie reflektierende Fensterfolien, um die Sonnenwärme zu blockieren.

Landschaftsbau und Schatten

Pflanzen Sie Bäume und installieren Sie Sonnenschutzvorrichtungen wie Markisen, Pergolen oder Sonnensegel, um die Hitze rund um Ihr Zuhause zu reduzieren. Nutzen Sie den natürlichen Schatten der Bäume und nutzen Sie Sonnenschirme oder Vordächer, um kühle Außenbereiche zu schaffen.

Kühlstrategien

Installieren oder modernisieren Sie Klimaanlagen, um den Innenraumkomfort während Hitzewellen zu verbessern. Nutzen Sie energieeffiziente Kühlmethoden wie Verdunstungskühler, Deckenventilatoren oder Fensterventilatoren, um die Klimaanlage zu ergänzen und den Energieverbrauch zu senken.

Persönlicher Schutz

Tragen Sie leichte, helle und atmungsaktive Kleidung, die bei Outdoor-Aktivitäten Sonnenschutz bietet. Verwenden Sie Sonnenschutzmittel, Hüte mit breiter Krempe und eine Sonnenbrille, um Ihre Haut und

Augen vor schädlicher UV-Strahlung zu schützen.

Flüssigkeitszufuhr

Sorgen Sie für eine gute Flüssigkeitszufuhr, indem Sie regelmäßig Wasser trinken, auch wenn Sie keinen Durst verspüren.

Tragen Sie eine wiederverwendbare Wasserflasche bei sich, um Zugang zu sauberem Wasser zu gewährleisten und gleichzeitig Plastikmüll zu reduzieren.

GEMEINSCHAFTLICHE HITZEWELLEN-ANPASSUNG

Stadtplanung und Design

Integrieren Sie Grünflächen, Stadtwälder und grüne Infrastruktur, um Hitzeinseleffekte in Städten abzumildern. Planen Sie mehr Parks, schattenspendende Strukturen und

Wasserspiele ein, um bei Hitzewellen kühle und zugängliche öffentliche Räume zu bieten.

Notfallplanung

Entwickeln Sie umfassende Notfallpläne für Hitzewellen, die Frühwarnsysteme, Hinweise zur öffentlichen Gesundheit und Strategien für Kühlzentren umfassen.

Verbessern Sie die Koordination zwischen Notfallmanagementbehörden, Gesundheitseinrichtungen und Gemeindeorganisationen, um eine effiziente Reaktion bei Hitzenotfällen sicherzustellen.

Engagement und Bildung in der Gemeinschaft

Führen Sie öffentliche Sensibilisierungskampagnen durch, um Einzelpersonen und Gemeinschaften über

Hitzewellenrisiken, Präventionsstrategien und Anpassungsmaßnahmen aufzuklären. Fördern Sie gemeinschaftliche Unterstützungsnetzwerke, Nachbarn-Check-ins und Hilfsprogramme für gefährdete Bevölkerungsgruppen während Hitzewellen.

Grüne Infrastruktur und nachhaltige Praktiken

Fördern Sie den Einsatz von Gründächern, durchlässigen Oberflächen und Regenwassernutzungssystemen, um die Kühlung zu fördern und den Regenwasserabfluss zu reduzieren.

Implementieren Sie nachhaltige Praktiken wie die Erzeugung erneuerbarer Energien, energieeffiziente Gebäude und Wassersparmaßnahmen, um die Umweltauswirkungen der Hitzewellenanpassung zu reduzieren.

Hitzebeständige Infrastruktur

Entwerfen und rüsten Sie die Infrastruktur nach, um extremer Hitze standzuhalten, einschließlich hitzebeständiger Materialien, wärmereflektierender Oberflächen und verbesserter Belüftungssysteme. Berücksichtigen Sie Überlegungen zum Klimawandel bei der Gestaltung und Planung kritischer Infrastrukturen wie Krankenhäuser, Schulen und Transportsysteme.

ZUSAMMENARBEIT UND VEREINBARUNG

Zusammenarbeit

Fördern Sie die Zusammenarbeit zwischen Regierungsbehörden, Gemeinschaftsorganisationen, Forschern und Interessengruppen, um Strategien zur

Anpassung an Hitzewellen zu entwickeln und umzusetzen.

Arbeiten Sie mit lokalen Unternehmen, Versorgungsunternehmen und Branchen zusammen, um nachhaltige Praktiken zu fördern und die Auswirkungen von Hitzewellen zu reduzieren.

Interessenvertretung

Befürworten Sie Richtlinien und Vorschriften, die der Anpassung an Hitzewellen und der Widerstandsfähigkeit bei Stadtplanung, Bauvorschriften und Initiativen im Bereich der öffentlichen Gesundheit Priorität einräumen. Unterstützen Sie Initiativen zur Bekämpfung des Klimawandels und zur Reduzierung der Treibhausgasemissionen, um die langfristigen Auswirkungen von Hitzewellen abzumildern.

Durch die Umsetzung langfristiger Strategien zur Anpassung an Hitzewellen auf individueller und gemeinschaftlicher Ebene können wir die Anfälligkeit verringern, die Widerstandsfähigkeit erhöhen und die gesundheitlichen und gesellschaftlichen Auswirkungen von Hitzewellen minimieren. Die Anpassung an ein sich veränderndes Klima erfordert kollektives Handeln, Zusammenarbeit und die Verpflichtung zu nachhaltigen Praktiken für eine hitzebeständigere Zukunft.

10

DIY-HITZEWELLEN-ÜBERLEBENSMASSNAHMEN

Bei einer Hitzewelle kann es schwierig sein, mit den extremen Temperaturen umzugehen, insbesondere wenn Sie keinen Zugang zu einer Klimaanlage oder anderen Kühlgeräten haben. Um der Hitzewelle standzuhalten und kühl und komfortabel zu bleiben, können Sie eine Reihe von Vorsichtsmaßnahmen treffen. Mit diesen einfachen und kostengünstigen Alternativen können Sie Ihre Widerstandsfähigkeit gegen große Hitze erheblich verbessern. Hier sind ein paar Do-it-yourself-Tipps, um eine Hitzewelle zu überstehen:

MACHEN SIE ZU HAUSE EINEN LUFTKÜHLER

Benutzen Sie einen Ventilator, eine Kühltruhe oder gefrorene Wasserflaschen, um eine selbstgemachte Klimaanlage zu bauen.

Ein kühler Wind kann erzeugt werden, indem der Ventilator so positioniert wird, dass er Luft über das Eis bläst.

Bauen Sie Ihren eigenen Luftkühler, um die Hitzewelle zu überstehen

Kühl zu bleiben ist während einer Hitzewelle für Ihr Wohlbefinden und Ihre Gesundheit von entscheidender Bedeutung. Obwohl sie Innenräume gut kühlen, kann der ständige Betrieb von Klimaanlagen teuer sein. Ein DIY-Luftkühler ist eine unkomplizierte, kostengünstige Lösung, die Kühlung bietet, ohne viel Strom zu verbrauchen. Um die

Hitzewelle zu überstehen, versuchen Sie, mit den folgenden Schritten Ihren eigenen DIY-Luftkühler zu bauen:

Benötigte Materialien:

- Eine große Plastikflasche oder Kühlbox

- Eine Kühlbox oder ein Behälter aus Schaumstoff, der kleiner ist als der große

- Boxventilator, vorzugsweise als Elektroventilator

- PVC-Rohr mit einem Durchmesser von etwa 3 Zoll, das lang genug ist, um vom Ventilator bis zur Oberseite des großen Behälters zu reichen

- Adapter für PVC-Rohre (zur Aufnahme des Ventilators)

- Entweder gefrorene Wasserflaschen oder Eisbeutel

- Kaltes Wasser

Führung

- Bereiten Sie den großen Behälter vor:

- Nehmen Sie die große Kühlbox oder den Plastikbehälter und nehmen Sie den Deckel ab.

- Machen Sie auf einer Seite des Behälters ein Loch, das etwas kleiner ist als der Durchmesser des PVC-Rohrs. Dies dient als Lufteinlass des Lüfters.

Bereiten Sie den kleinen Behälter vor:

Schneiden Sie in den Deckel des kleineren Styroporbehälters ein Loch, das etwas größer ist als der Durchmesser des PVC-Rohrs. In diesem Loch erfolgt der Austritt der gekühlten Luft.

PVC-Rohrbefestigung:

Stellen Sie sicher, dass das PVC-Rohr bis zum Boden des kleineren Behälters reicht, bevor Sie es durch das Loch im Deckel einführen.

Der PVC-Rohradapter muss am Rohrende angeschlossen und sicher befestigt werden.

Ventilator aufstellen:

Platzieren Sie den Ventilator nach innen gerichtet neben der Öffnung, die Sie an der Seite des großen Behälters gemacht haben.

Verbinden Sie das andere Ende des PVC-Rohrs mit dem PVC-Rohradapter mit dem Ventilator. Die Luft wird nun vom Ventilator durch das PVC-Rohr in den kleineren

Behälter gedrückt, nachdem sie aus dem Inneren des großen Behälters angesaugt wurde.

Fügen Sie gefrorene Wasserflaschen oder Kühlakkus hinzu:

Lassen Sie im großen Behälter Platz für die Eisbeutel oder gefrorenen Wasserflaschen und füllen Sie ihn mit kaltem Wasser.

Um das Wasser weiter abzukühlen, tauchen Sie Eisbeutel oder gefrorene Wasserflaschen hinein. Durch das Eis wird die Luft, die durch das PVC-Rohr strömt, kühler.

So bauen Sie einen DIY-Luftkühler zusammen

Platzieren Sie den an einem PVC-Rohr befestigten Deckel über dem kleineren Behälter.

Stellen Sie den kleineren Behälter auf den größeren und achten Sie darauf, dass der PVC-Schlauch parallel zur Lufteinlassöffnung im Ventilator verläuft.

Aktivieren Sie den Lüfter:

Um den Luftstrom zu starten, schalten Sie den Ventilator ein. Der Ventilator saugt warme Luft aus der Umgebung an, kühlt sie mit gekühltem Wasser und Eis und gibt die gekühlte Luft dann durch das PVC-Rohr in Ihren Wohnraum ab.

Tipps zur Wartung:

Tauschen Sie die Kühlakkus oder gefrorenen Wasserflaschen regelmäßig aus, um den Kühleffekt aufrechtzuerhalten.

Geben Sie bei Bedarf noch mehr kaltes Wasser in den großen Behälter.

Die Aufrechterhaltung einer sauberen Kühlbox trägt dazu bei, das Wachstum von Bakterien und Schimmel zu verhindern. Denken Sie daran, dass ein selbstgebauter Luftkühler in kleinen bis mittelgroßen Räumen große Erleichterung bringen kann, auch wenn er möglicherweise nicht so effektiv ist wie eine herkömmliche Klimaanlage. Es ist ein energieeffizienter Ersatz, der es Ihnen ermöglicht, die Hitzewelle zu überstehen, ohne Ihr Budget zu sprengen. Wenn Sie den DIY-Luftkühler verwenden, stellen Sie sicher, dass Ihr Zuhause ausreichend belüftet ist, indem Sie ein paar Fenster oder Türen öffnen, damit heiße Luft entweichen kann und der Kühlvorgang beschleunigt wird.

So stellen Sie Ihre eigenen Kühlvernebler her

Verwenden Sie eine Sprühflasche mit Wasser, um kühlende Sprühnebel herzustellen. Um einen kühlenden Effekt zu erzielen, mischen Sie ein paar Tropfen ätherisches Pfefferminz- oder Eukalyptusöl unter. Um sich sofort abzukühlen, sprühen Sie Ihren Körper und Ihr Gesicht ein.

Machen Sie Ihre eigenen hausgemachten Kühlvernebler

Die Verwendung eines Kühlzerstäubers ist eine einfache und effiziente Möglichkeit, an einem heißen Tag kühl zu bleiben. Der Wasserstrahl erzeugt einen feinen Nebel, der sich schnell verflüchtigt und Ihre Haut sofort kühlt. Mit einfachen Materialien können Sie Ihren eigenen Kühlvernebler zu Hause herstellen. Hier ist eine Schritt-für-Schritt-

Anleitung zum Erstellen Ihrer eigenen Kühlzerstäuber zu Hause:

Benötigte Materialien:

Besorgen Sie sich eine saubere Sprühflasche mit feiner Sprühdüse. Die meisten Drogerien führen leere Sprühflaschen, Sie können sie aber auch online kaufen.

Wasser: Verwenden Sie für Ihre Sprühlösung kühles, sauberes Wasser. Sie können gefiltertes Wasser oder Wasser aus dem Wasserhahn verwenden.

Optional: Wenn Sie einen duftenden Nebel wünschen, denken Sie darüber nach, ein paar Tropfen ätherisches Öl zu verwenden.

Beliebte Optionen für einen belebenden Duft sind ätherische Öle aus Pfefferminze, Eukalyptus oder Lavendel.

Führung

 Reinigen Sie eine Sprühflasche:

Um sicherzustellen, dass die Sprühflasche sauber und rückstandsfrei ist, waschen Sie sie zunächst mit Wasser und Seife.

Geben Sie Wasser in die Sprühflasche:

Um ein Verschütten zu verhindern, gießen Sie nach dem Öffnen der Düse vorsichtig kühles Wasser in die Sprühflasche.

Zugabe ätherischer Öle:

Geben Sie ein paar Tropfen Ihres bevorzugten ätherischen Öls in das Wasser in der Sprühflasche, um einen duftenden Nebel zu erzeugen.

Abhängig von Ihren Vorlieben und der Intensität des Duftes können Sie mehr oder weniger Tropfen verwenden.

Lassen Sie die Sprühflasche zuschnappen:

Um ein Auslaufen zu vermeiden, schließen Sie die Düse der Sprühflasche fest.

Schütteln Sie die Flasche:

Schütteln Sie die Flasche vorsichtig, um bei Bedarf Wasser und ätherisches Öl zu vermischen.

Untersuche den Nebel:

Halten Sie Ihr Gesicht und Ihre Kleidung vom Sprühbehälter fern, während Sie ihn halten.

Durch das Pumpen der Düse wird ein dünner Nebel in die Luft abgegeben.

Stellen Sie sicher, dass der Nebel nicht übermäßig intensiv oder schwach ist. Um die erforderliche Nebelintensität zu erreichen, stellen Sie die Düse nach Bedarf ein.

einsetzbar:

Benutzen Sie an dieser Stelle Ihren selbstgebauten Kühlvernebler. Tragen Sie es an heißen Tagen immer bei sich.

So verwenden Sie Ihre Kühlvernebler

Halten Sie einen Abstand von 6 bis 12 Zoll zwischen dem Sprühbehälter und Ihrem Körper und Gesicht ein.

Um einen feinen Nebel auf Ihre Haut zu sprühen, pumpen Sie die Düse. Lassen Sie den Nebel auf natürliche Weise verdunsten, damit er Ihre Haut kühlen kann. Wenn es draußen heiß ist oder eine Hitzewelle herrscht, können Sie den Kühlvernebler immer dann verwenden, wenn Ihnen warm ist oder Sie eine Abkühlung benötigen.

Zusätzliche Ratschläge

Stellen Sie Ihre Sprühflasche vor der Anwendung in den Kühlschrank, um einen belebenderen Kühlnebel zu erhalten. Lassen Sie nach jedem Gebrauch das restliche Wasser aus der Sprühlösung ab und füllen Sie es bei Bedarf mit frischem Wasser auf.

Es ist kostengünstig und umweltfreundlich, zu Hause eigene Kühlzerstäuber herzustellen, um im Sommer kühl zu bleiben. Um der Hitze zu trotzen und kühl zu bleiben, kann ein DIY-Kühlvernebler ein nützlicher Begleiter sein, egal ob Sie zu Hause faulenzen, draußen arbeiten oder ein Picknick machen.

Benutzen Sie Bandanas oder nasse Handtücher

Tragen Sie ein mit kaltem Wasser angefeuchtetes Handtuch oder Tuch auf Ihre Handgelenke, Ihren Hals und Ihre Stirn auf. Diese Methode kann Beschwerden lindern und die Regulierung der Körpertemperatur unterstützen.

QUERBELÜFTUNG ERSTELLEN:

Um die Querlüftung in Ihrem Zuhause zu fördern, öffnen Sie die Fenster auf gegenüberliegenden Seiten. Um die Luftzirkulation zu fördern, halten Sie die Türen mit Türstoppern oder Keilen leicht geöffnet.

HAUSGEMACHTER SOLAROFEN

Bauen Sie einen DIY-Solarofen, um die Hitzewelle zu nutzen.

Um Speisen im Freien zuzubereiten, ohne herkömmliche Wärmequellen zu verwenden, bauen Sie einen einfachen Solarkocher aus einer Box, Aluminiumfolie und einer durchsichtigen Kunststoffplatte zusammen.

Einen DIY-Solarofen zum Kochen bei Hitzewellen bauen

Mithilfe eines DIY-Solarofens kann die Kraft der Sonne genutzt werden, um Speisen ohne den Einsatz herkömmlicher Wärmequellen zuzubereiten. Die Verwendung eines Solarofens zur Zubereitung Ihrer Mahlzeiten während einer Hitzewelle kann Ihnen helfen, eine Überhitzung Ihres Hauses mit herkömmlichen Kochtechniken zu vermeiden. Ein unterhaltsames und umweltfreundliches Hobby, mit dem Sie großartiges Essen zubereiten und dabei weniger Energie verbrauchen können, ist der Bau Ihres eigenen Solarofens. Hier ist eine Anleitung zum Bau eines einfachen DIY-Solarofens zum Kochen während einer Hitzewelle:

Benötigte Materialien:

Schachtel aus Pappe: Wählen Sie eine Schachtel mit langlebigem Deckel. Die Kochkapazität Ihres Solarofens hängt von der Größe der Box ab.

Eine Rolle strapazierfähige Aluminiumfolie kann verwendet werden, um das Innere der Box auszukleiden, Licht zu reflektieren und Wärme zu bewahren. Schwarzes Tonpapier: Decken Sie den Boden der Schachtel mit diesem Material ab. Die dunkle Oberfläche erwärmt sich, da sie Sonnenlicht absorbiert.

Eine Platte aus durchsichtigem Kunststoff oder Glas eignet sich gut als Deckel für den Ofen. Während dieses Material die Wärme im Ofen speichert, lässt es Sonnenlicht durch.

Sammeln Sie Isoliermaterialien wie Zeitungspapier, Stroh oder Schaumstoffplatten, um die Seiten der Box auszukleiden und so die Wärmespeicherung zu erhöhen.

Grillrost: Um die Speisen in den Ofen zu stellen, benötigen Sie einen Grillrost aus Metall oder Draht.

Die Innentemperatur Ihres Solarofens kann mit einem Ofenthermometer überprüft werden.

Führung

Bereiten Sie die Box vor:

Wählen Sie eine Box, in der Ihr Grillrost und Ihre Lebensmittel problemlos Platz finden.

Entfernen Sie jegliches Klebeband oder die Klappen von der Schachtel, so dass es sich nur noch um einen offenen Behälter handelt.

Benutzen Sie Aluminiumfolie, um die Schachtel auszukleiden:

Das Innere der Schachtel sollte mit Aluminiumfolie ausgekleidet werden, wobei die glänzende Seite nach innen zeigt. Die Folie lässt Licht in den Ofen, indem sie es reflektiert.

So erstellen Sie eine schwarze Oberfläche

Um den Boden der Schachtel abzudecken, sollte schwarzes Tonpapier verwendet werden. Das Sonnenlicht wird von dieser dunklen Oberfläche absorbiert und erwärmt.

Isolierung hinzufügen:

Isolieren Sie die Ränder des Kastens, um die Wärme zu speichern und die Effizienz des Ofens zu erhöhen.

Verwenden Sie als Isolierschicht Strohhalme, Schaumstoffplatten oder zerknittertes Zeitungspapier.

Grillrost aufstellen:

Stellen Sie den Grillrost in den Behälter und lassen Sie dabei Platz für die Luftzirkulation um die Lebensmittel herum.

Schließen Sie den Deckel:

Die durchsichtige Glas- oder Kunststoffscheibe sollte vorsichtig als Deckel auf die Schachtel gelegt werden.

Um den Deckel zu schließen und die Wärme im Inneren zu halten, befestigen Sie ihn mit Klebeband oder Kleber.

Ein Solarofen-Test:

Stellen Sie Ihren Solarofen an einem klaren Tag im Sonnenlicht auf. Stellen Sie für eine optimale Belichtung sicher, dass der Ofen zur Sonne geneigt ist.

Um die Innentemperatur des Ofens im Auge zu behalten, verwenden Sie ein Ofenthermometer.

Beginnen Sie mit dem Kochen:

Legen Sie Ihre Mahlzeit auf den Grillrost im Ofen, sobald sie die richtige Temperatur erreicht hat.

Setzen Sie den Deckel auf und lassen Sie Ihr Essen in der Sonnenhitze nach und nach garen.

Wichtiger Hinweis

Da der Innenraum sehr heiß sein kann, seien Sie beim Umgang mit dem Solarofen und den Lebensmitteln vorsichtig.

Um möglichst viel Sonnenlicht hereinzulassen, stellen Sie sicher, dass der transparente Deckel makellos und frei von Hindernissen ist.

Um ein gleichmäßiges und sicheres Garen zu gewährleisten, sollten Sie die Temperatur im Ofen regelmäßig im Auge behalten.

Eine umweltfreundliche und nachhaltige Möglichkeit, während einer Hitzewelle Essen zuzubereiten, ist Ihr selbstgebauter Solarofen. Er ist eine großartige Lösung für das Kochen bei geringer Hitze und die Zubereitung unkomplizierter Speisen, auch wenn er möglicherweise nicht die gleichen Gartemperaturen wie herkömmliche Öfen erreicht. Genießen Sie die Nutzung von Sonnenenergie zur Zubereitung köstlicher Mahlzeiten und sparen Sie dabei im Sommer Energie.

Trinkstationen

Richten Sie Trinkstationen mit eiskaltem Wasser, mit Früchten angereichertem Wasser oder Getränken mit hohem Elektrolytgehalt ein. Halten Sie wiederverwendbare

Wasserkrüge oder -flaschen voll und für jedes Familienmitglied zugänglich.

DIY-SCHATTENSTRUKTUREN:

Um Schatten in Ihren Außenbereichen zu spenden, stellen Sie Ihre eigenen Schattenstrukturen aus Bambus, Stoff oder anderen Materialien her. Wählen Sie kühle Standorte, damit Sie sich entspannen und die Sonne meiden können.

KÜHLENDES FUSSBAD

Geben Sie ein paar Tropfen ätherisches Öl wie Pfefferminze oder Lavendel in eine Schüssel mit kaltem Wasser. Um Ihren Körper abzukühlen, tauchen Sie Ihre Füße in das kühle Wasser.

NUTZEN SIE KÜHLENDE SCHLAFHILFEN

Um einen kalten Schlafraum zu schaffen, legen Sie Ihre Kissenbezüge und Laken vor dem Schlafengehen kurz in den Gefrierschrank. Um Ihren Schlaf während der Hitzewelle zu verbessern, verwenden Sie kühlende Matratzenauflagen oder Gelkissen.

Denken Sie während einer Hitzewelle daran, dass Ihre Sicherheit und Ihr Wohlbefinden an erster Stelle stehen sollten. Suchen Sie sofort medizinische Hilfe auf, wenn bei Ihnen oder einer anderen Person schwerwiegende hitzebedingte Symptome auftreten. Während diese Do-it-yourself-Lösungen dazu beitragen können, dass Sie sich während einer Hitzewelle kühler und wohler fühlen, ist es wichtig zu wissen, wie Sie an Orte gelangen, die kühler sind, wenn die Temperaturen gefährlich hoch ansteigen. Ergreifen Sie proaktive Maßnahmen, um sich und Ihre Lieben in Zeiten übermäßiger Hitze zu schützen, indem Sie über Hitzewarnungen informiert werden.